Visitor:

MW00914802

Vis

_____

_____

_____

_____

_____

_____

_____

_____

_____

Visitor: Visited on:

_____   _____

_____   _____

_____   _____

_____   _____

_____   _____

_____   _____

_____   _____

_____   _____

_____   _____

Visitor: **Visited on:**

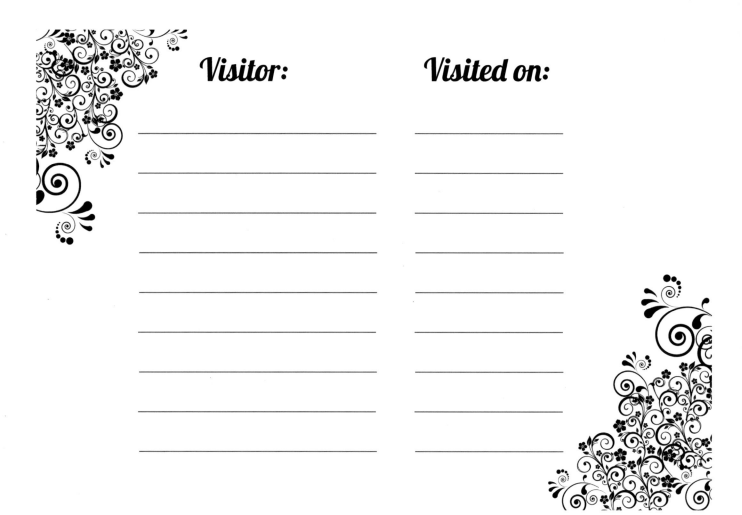

Visitor:

Visited on:

_____   _____

_____   _____

_____   _____

_____   _____

_____   _____

_____   _____

_____   _____

_____   _____

_____   _____

Visitor:

Visited on:

Visitor: **Visited on:**

_____   _____

_____   _____

_____   _____

_____   _____

_____   _____

_____   _____

_____   _____

_____   _____

_____   _____

Visitor: **Visited on:**

Visitor:

_____

_____

_____

_____

_____

_____

_____

_____

_____

Visited on:

_____

_____

_____

_____

_____

_____

_____

_____

_____

Visitor:

Visited on:

Visitor:

_____

_____

_____

_____

_____

_____

_____

_____

_____

Visited on:

_____

_____

_____

_____

_____

_____

_____

_____

_____

Visitor:

Visited on:

Visitor:

Visited on:

Visitor:

Visited on:

Visitor:

Visited on:

_____

_____

_____

_____

_____

_____

_____

_____

_____

_____

_____

_____

_____

_____

_____

_____

_____

_____

Visitor:

Visited on:

Visitor:

Visited on:

_____

_____

_____

_____

_____

_____

_____

_____

_____

_____

_____

_____

_____

_____

_____

_____

_____

_____

Visitor: **Visited on:**

Visitor:

Visited on:

Visitor: Visited on:

Visitor: **Visited on:**

Visitor:

Visited on:

_____   _____

_____   _____

_____   _____

_____   _____

_____   _____

_____   _____

_____   _____

_____   _____

_____   _____

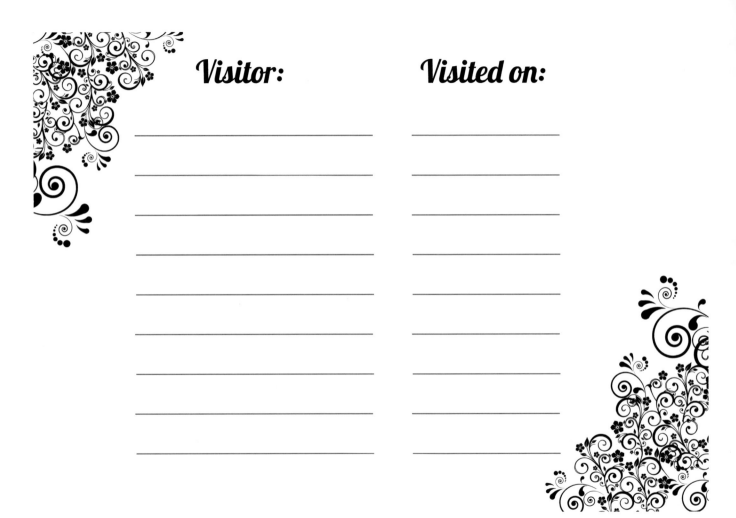

Visitor:

Visited on:

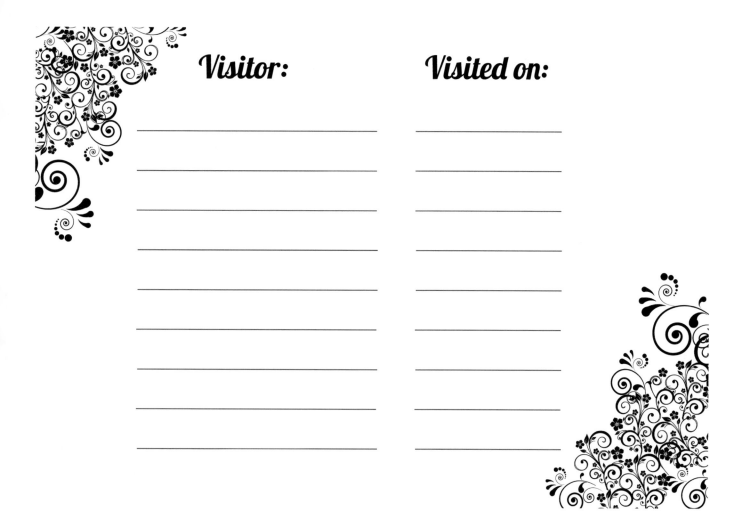

Visitor:

Visited on:

Visitor:

Visited on:

Visitor: **Visited on:**

_____   _____

_____   _____

_____   _____

_____   _____

_____   _____

_____   _____

_____   _____

_____   _____

_____   _____

Visitor: Visited on:

_____   _____

_____   _____

_____   _____

_____   _____

_____   _____

_____   _____

_____   _____

_____   _____

_____   _____

Visitor:

Visited on:

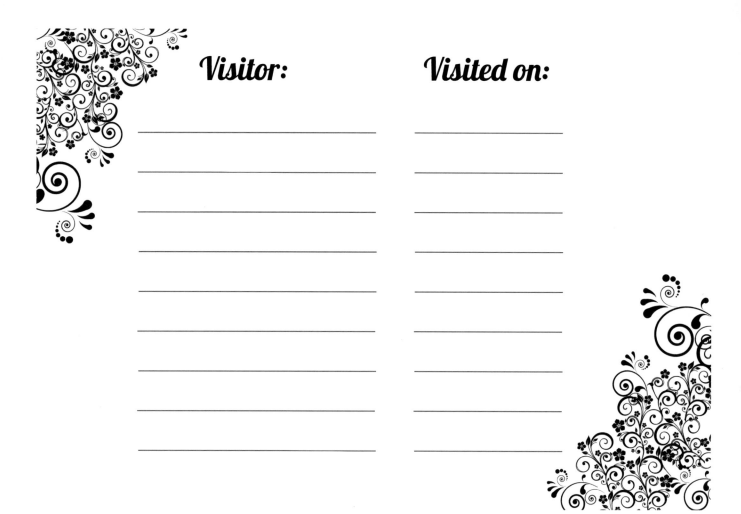

Visitor: **Visited on:**

_____   _____

_____   _____

_____   _____

_____   _____

_____   _____

_____   _____

_____   _____

_____   _____

_____   _____

Visitor: **Visited on:**

Visitor:

Visited on:

Visitor:

Visited on:

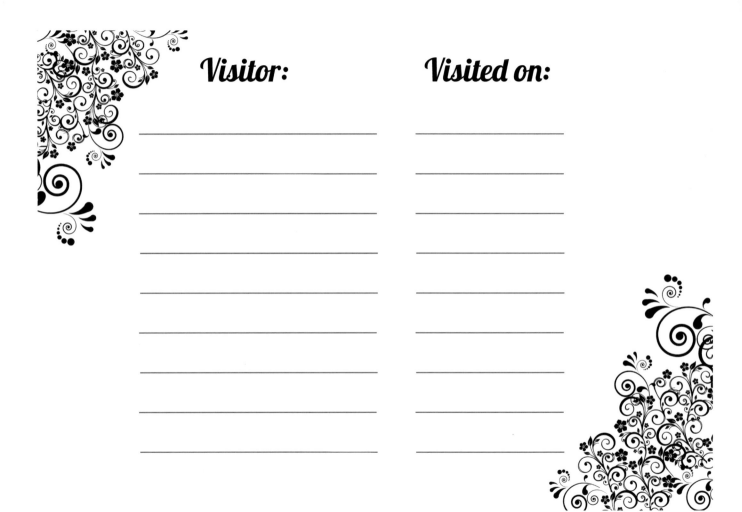

Visitor:

Visited on:

Visitor:

Visited on:

Visitor:　　　　　**Visited on:**

Visitor:

Visited on:

Visitor: **Visited on:**

_____   _____

_____   _____

_____   _____

_____   _____

_____   _____

_____   _____

_____   _____

_____   _____

_____   _____

Visitor:

Visited on:

Visitor: **Visited on:**

_____   _____

_____   _____

_____   _____

_____   _____

_____   _____

_____   _____

_____   _____

_____   _____

_____   _____

Visitor: **Visited on:**

Visitor:　　　　　　　**Visited on:**

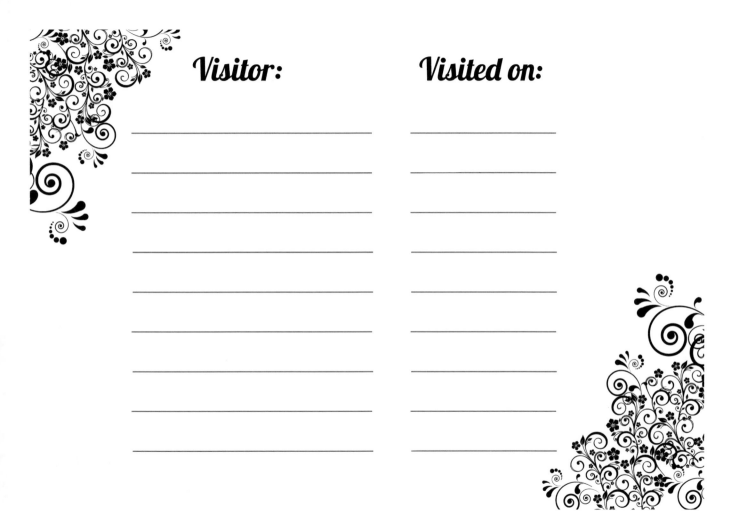

Visitor:

Visited on:

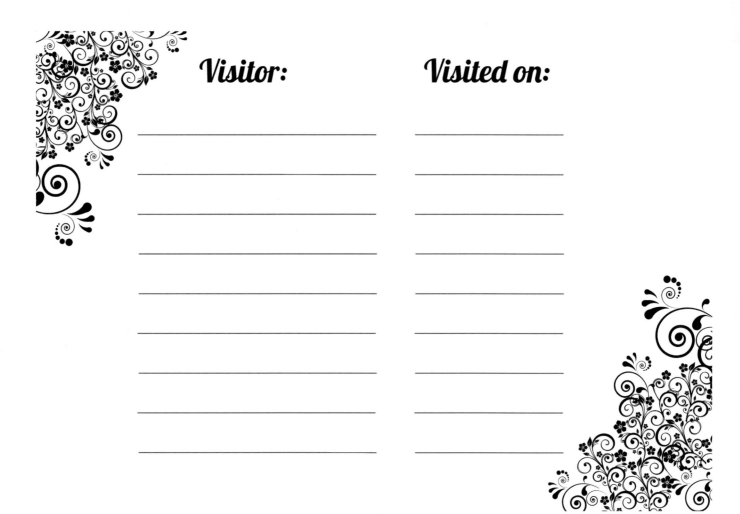

Visitor:

Visited on:

_____

_____

_____

_____

_____

_____

_____

_____

_____

_____

_____

_____

_____

_____

_____

_____

_____

_____

Visitor:

Visited on:

Visitor: **Visited on:**

Visitor: **Visited on:**

Visitor: ## Visited on:

_____   _____

_____   _____

_____   _____

_____   _____

_____   _____

_____   _____

_____   _____

_____   _____

_____   _____

Visitor:

Visited on:

Visitor: **Visited on:**

Visitor:

Visited on:

_____   _____

_____   _____

_____   _____

_____   _____

_____   _____

_____   _____

_____   _____

_____   _____

Visitor:

Visited on:

_____

_____

_____

_____

_____

_____

_____

_____

_____

Visitor:

Visited on:

_____ _____

_____ _____

_____ _____

_____ _____

_____ _____

_____ _____

_____ _____

_____ _____

_____ _____

Visitor: **Visited on:**

Visitor:

Visited on:

Visitor: **Visited on:**

_____   _____

_____   _____

_____   _____

_____   _____

_____   _____

_____   _____

_____   _____

_____   _____

_____   _____

Visitor:

Visited on:

Visitor: **Visited on:**

Visitor: **Visited on:**

Visitor:

_____

_____

_____

_____

_____

_____

_____

_____

_____

Visited on:

_____

_____

_____

_____

_____

_____

_____

_____

_____

Visitor:

Visited on:

_____   _____

_____   _____

_____   _____

_____   _____

_____   _____

_____   _____

_____   _____

_____   _____

_____   _____

Visitor:

Visited on:

Visitor: **Visited on:**

Visitor:

Visited on:

_____   _____

_____   _____

_____   _____

_____   _____

_____   _____

_____   _____

_____   _____

_____   _____

_____   _____

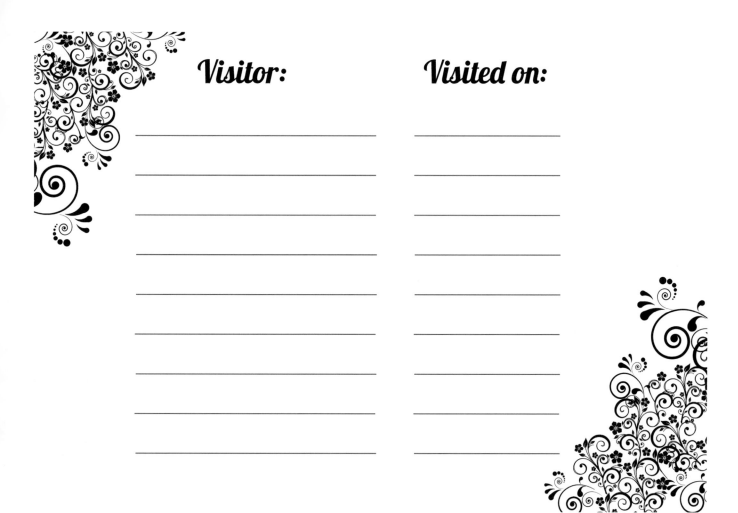

Visitor: **Visited on:**

_____   _____

_____   _____

_____   _____

_____   _____

_____   _____

_____   _____

_____   _____

_____   _____

_____   _____

Visitor:

Visited on:

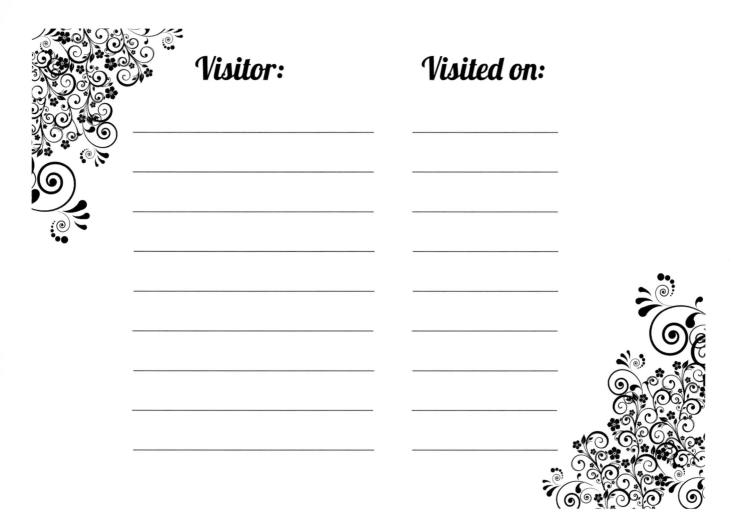

Visitor:

Visited on:

Visitor:

Visited on:

_____

_____

_____

_____

_____

_____

_____

_____

_____

_____

_____

_____

_____

_____

_____

_____

Visitor: **Visited on:**

Visitor:

Visited on:

_____ _____

_____ _____

_____ _____

_____ _____

_____ _____

_____ _____

_____ _____

_____ _____

_____ _____

Visitor: **Visited on:**

Visitor:

Visited on:

Visitor:

Visited on:

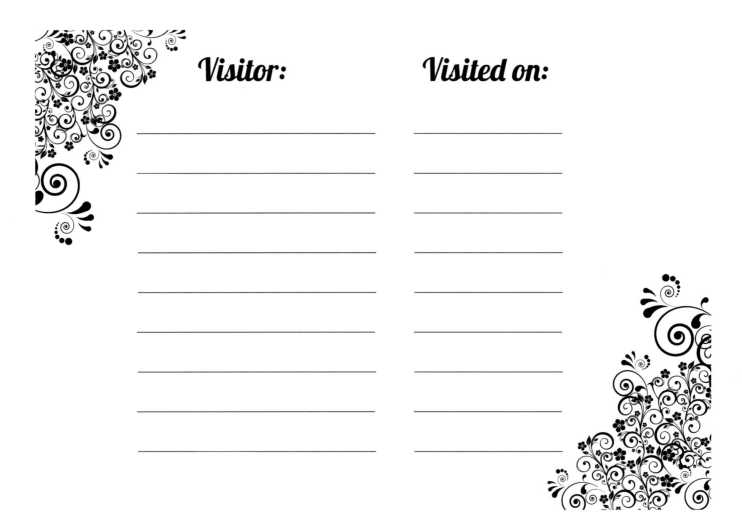

Visitor:

Visited on:

Visitor:

Visited on:

Visitor: **Visited on:**

_____   _____

_____   _____

_____   _____

_____   _____

_____   _____

_____   _____

_____   _____

_____   _____

Visitor: **Visited on:**

_____   _____

_____   _____

_____   _____

_____   _____

_____   _____

_____   _____

_____   _____

_____   _____

_____   _____

Visitor:

Visited on:

Visitor:

Visited on:

_____

_____

_____

_____

_____

_____

_____

_____

_____

_____

_____

_____

_____

_____

_____

_____

Visitor:

Visited on:

Visitor:

Visited on:

Visitor:

Visited on:

Visitor: **Visited on:**

_____   _____

_____   _____

_____   _____

_____   _____

_____   _____

_____   _____

_____   _____

_____   _____

Visitor:

Visited on:

_____

_____

_____

_____

_____

_____

_____

_____

_____

_____

_____

_____

_____

_____

_____

_____

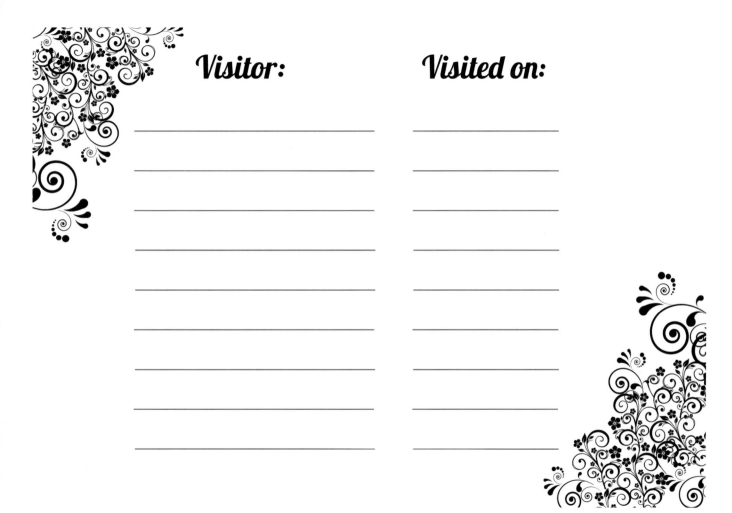

Visitor:

Visited on:

_____   _____

_____   _____

_____   _____

_____   _____

_____   _____

_____   _____

_____   _____

_____   _____

_____   _____

Visitor:

_____

_____

_____

_____

_____

_____

_____

_____

_____

Visited on:

_____

_____

_____

_____

_____

_____

_____

_____

_____

Visitor:

Visited on:

Visitor:

Visited on:

_____ _____

_____ _____

_____ _____

_____ _____

_____ _____

_____ _____

_____ _____

_____ _____

_____ _____

Visitor:

Visited on:

Visitor:

Visited on:

Visitor:

Visited on:

Visitor:

Visited on:

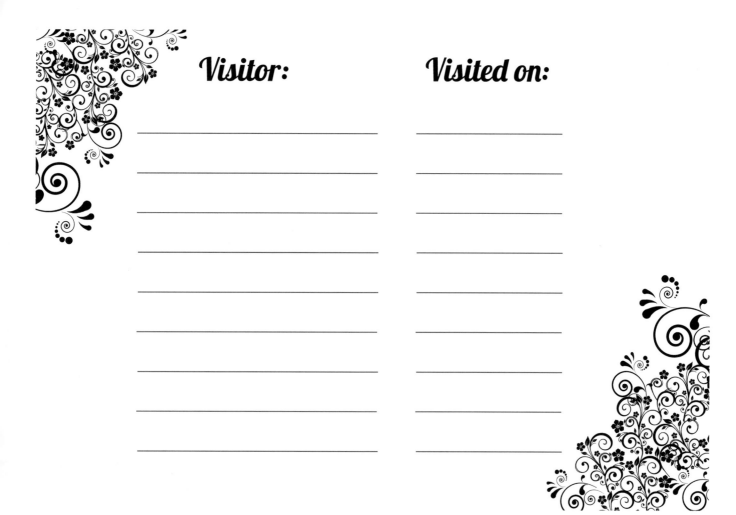

Visitor:

Visited on:

Visitor:

Visited on:

Visitor: Visited on:

_____   _____

_____   _____

_____   _____

_____   _____

_____   _____

_____   _____

_____   _____

_____   _____

Visitor: **Visited on:**

_____   _____

_____   _____

_____   _____

_____   _____

_____   _____

_____   _____

_____   _____

_____   _____

_____   _____

Visitor:

Visited on:

_____ _____

_____ _____

_____ _____

_____ _____

_____ _____

_____ _____

_____ _____

_____ _____

_____ _____

Visitor:

Visited on:

Visitor: **Visited on:**

_____   _____

_____   _____

_____   _____

_____   _____

_____   _____

_____   _____

_____   _____

_____   _____

_____   _____

Visitor:

Visited on:

_____   _____

_____   _____

_____   _____

_____   _____

_____   _____

_____   _____

_____   _____

_____   _____

Visitor: **Visited on:**

_____   _____

_____   _____

_____   _____

_____   _____

_____   _____

_____   _____

_____   _____

_____   _____

_____   _____

Visitor:

Visited on:

_____ _____

_____ _____

_____ _____

_____ _____

_____ _____

_____ _____

_____ _____

_____ _____

Visitor:　　　　　**Visited on:**

_____　_____

_____　_____

_____　_____

_____　_____

_____　_____

_____　_____

_____　_____

_____　_____

_____　_____

Visitor:

Visited on:

_____   _____

_____   _____

_____   _____

_____   _____

_____   _____

_____   _____

_____   _____

_____   _____

_____   _____

Visitor:

Visited on:

_____   _____

_____   _____

_____   _____

_____   _____

_____   _____

_____   _____

_____   _____

_____   _____

_____   _____

Visitor:

Visited on:

_____   _____

_____   _____

_____   _____

_____   _____

_____   _____

_____   _____

_____   _____

_____   _____

_____   _____

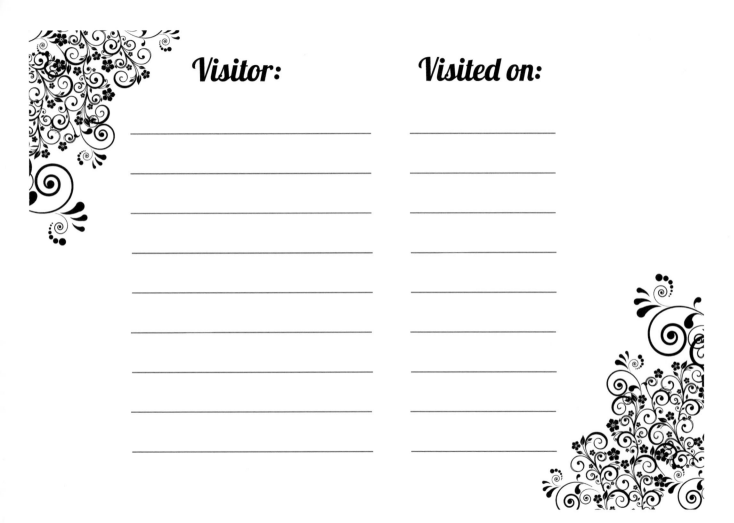

Visitor:

Visited on:

Visitor:

Visited on:

_____

_____

_____

_____

_____

_____

_____

_____

_____

_____

_____

_____

_____

_____

_____

_____

_____

_____

Visitor: **Visited on:**

_____   _____

_____   _____

_____   _____

_____   _____

_____   _____

_____   _____

_____   _____

_____   _____

_____   _____

Visitor:

Visited on:

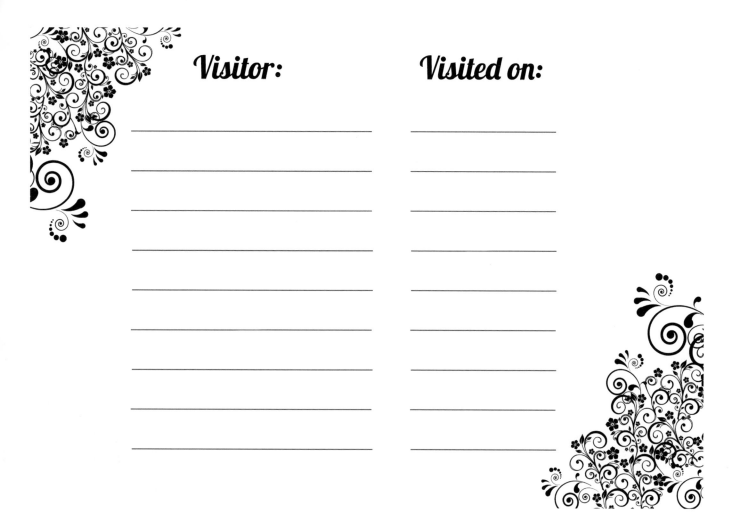

Visitor: Visited on:

_____   _____

_____   _____

_____   _____

_____   _____

_____   _____

_____   _____

_____   _____

_____   _____

Visitor:

Visited on:

Made in the USA
Thornton, CO
09/16/23 15:16:37

f333c943-da98-4471-b2f2-b764dc63d2fdR03